Guía sobre inversiones rentables en criptomonedas

Contenido

La revolución de la economía causada por las criptomonedas 6

Conoce cómo invertir en criptomonedas.................................7

Las criptomonedas tendencias para invertir 12

Identifica las cualidades de las criptomonedas...........................16

Los usos en la actualidad de las criptomonedas 18

Las precauciones al invertir en criptomonedas...........................20

Cómo invertir en criptomonedas a largo plazo............................26

Descubre la cotización del Bitcoin como una inversión a largo plazo...29

Las operaciones rentables a largo plazo en criptomonedas.......31

La especulación vs la inversión en criptomonedas a largo plazo 34

Descubre cómo construir un portafolio de criptomonedas a largo plazo...39

Componentes de una estrategia de inversión a largo plazo 53

Algunas medidas para acertar en inversiones a largo plazo 77

El rol de las criptomonedas como una opción a largo plazo........85

Trucos para invertir a largo plazo en Cardano............................86

Todo lo que debes saber sobre la preparación de inversión a largo plazo 88

Lo que te conviene hacer en una inversión en criptomonedas....94

Cómo invertir en criptomonedas por medio del "social trading".100

Guía para conseguir inversiones rentables a través de las criptomonedas

La inversión en las criptomonedas se ha vuelto un camino mucho más confiable que otros activos, sobre todo porque son resistentes a enfrentar la devaluación, por esta razón se puede clasificar como una importante herramienta financiera, ya que la criptografía puede ser usada como un sistema de pagos que ofrece amplias ventajas.

Para disipar los estragos de la economía es ideal conocer cada detalle sobre las criptomonedas, ya que es una vía de escape para tener ahorros y sobre todo un resultado a futuro que pueda duplicar tus ganancias, ese beneficio es lo que provoca que se mencione diariamente al Bitcoin, Ripple, Dash, Ethereum y muchas otras.

La revolución de la economía causada por las criptomonedas

La economía a nivel mundial se ha integrado con facilidad a las criptomonedas, esto sucede mayormente por la protección que significa ante la inflación, y también por su cualidad de ser un activo descentralizado, es decir no depende de algún gobierno o entidad bancaria, esto hace que se conforme un mercado atractivo.

Estas monedas virtuales se clasifican como oro digital, es una promesa de que el dinero se pueda ahorrar y aumentar el valor del mismo conforme pase el tiempo, además se utiliza en la actualidad como una forma rápida y cómoda de pagar que supera cualquier frontera, además conserva los datos privados de cada transacción.

Para llevar a cabo cualquier actividad económica es ideal por el nivel de anonimato que proporciona, por ello todos los detalles cuentan para explorar a fondo cómo invertir y al mismo tiempo para encontrar plataformas que faciliten estas operaciones con seguridad para respaldar tus activos.

Conoce cómo invertir en criptomonedas

Los pasos y aspectos que no puedes pasar por alto al querer invertir en criptomonedas son sencillos de entender, una vez que puedas cumplir cabalmente con los mismos podrás ser parte del mundo de los criptoactivos sin correr tantos riesgos.

1. Elección de un bróker

En la actualidad puedes hallar buenos bróker de renombre internacional, tal como ocurre con eToro y Binance, a través de estas opciones puedes consultar la lista de monedas digitales que comercian y están disponibles, puedes distinguir cuál es el que te conviene según las monedas virtuales que posean y sus cualidades atractivas del momento.

Las dos alternativas mencionadas se conocen como las mejores plataformas para negociar con criptomonedas, al mismo tiempo te presentan opciones para que la inversión que realices pueda seguir un camino más rentable, puedes encontrar la oportunidad o la opción de negociar y operar con Bitcoin, Litecoin, y otras con buena proyección.

Las opciones más frecuentes para invertir en criptomonedas son Bitcoin, Ripple, Eos, Dash, Ethereum, Neo, Stellar y Litecoin, pero todo esto varía según el mes o el momento en el cual ingreses al mercado, lo más recomendable es someter esta lista a una constante actualización para medir los activos vigentes que posean mayor calidad.

Una ventaja de la cual puedes sacar provecho es que estas plataformas te permiten realizar trading con las criptomonedas, de ese modo puedes mover tu inversión a corto y largo plazo al tipo de activo que desees.

2. Piensa en los contratos CFD

La movilidad del mercado de criptomonedas es un fenómeno llamativo, porque la expansión es uno de los signos más frecuentes de este medio y es el tipo de oportunidad financiera que todos esperan, siempre y cuando puedas estar bien informado vas a lograr operar y obtener ventajas económicas.

Una vez que puedas comprar y vender criptomonedas de la talla de Ripple, Litecoin y Bitcoin, es posible hacerlo bajo el formato de producto financiero, esto es lo que se conoce como CFD, permite que los operadores cuenten con la oportunidad de invertir en un precio puntual sin necesidad de comprarlo en realidad.

Los contratos CFD se pueden vincular estrechamente con las criptomonedas, esto ocurre de la misma forma en la que se desarrolla el mercado de divisas, de esa manera los traders se dedican a especular sobre la subida o bajada de los activos seleccionados sin haberlos comprado.

Una acción que se puede llevar a cabo es la operación con criptomonedas por medio de CFD, donde surge la ventaja de poder realizar apalancamiento, esta opción puede ser más o menos elevada según tus objetivos y el tipo de experiencia que poseas realizando estas acciones.

Todo esto sólo deja un claro mensaje de que ser trader no implica o no requiere tener un capital amplio, sino que se puede empezar a operar con un porcentaje de valor total de alguna posición, y las operaciones se pueden gestionar durante las 24 horas del día y los 7 días de la semana.

Por el lado del tema de la seguridad no hay muchas preocupaciones, porque mientras estés en un bróker seguro y regulado, puedes operar con criptodivisas sin tener que estar sometido a tantas preocupaciones.

3. **Cuídate de las estafas**

La elección de algunos brokers es clave para dejar a un lado las estafas, ya que en algunas plataformas se presentan numerosos casos de este tipo, porque es un sector que opera con una gran cantidad de fluctuaciones, además no puedes confiar por completo en esquemas y programas que ofrecen dinero fácil y rápido a cambio de alguna inversión.

En el caso de que no encuentres una inversión segura y rentable, puedes estar confiando tu dinero en algoritmos fantasmas que anuncian que operan con un 100% de acierto sobre su predicción del mercado de criptomonedas, por este motivo no debes confiar en aquellos medios que te prometan dinero fácil, porque detrás suele haber una estafa.

El único medio para ganar dinero que sea real, es por medio de la confianza en los brokers que sean de confiabilidad plena, y sin seguir ciegamente a los anuncios que pueden surgir sobre esa plataforma de operación.

4. **Considera el trading automático**

La manifestación del Copy Trading se expresa como una estrategia para que los operadores de las plataformas puedan copiar de forma automática para realizar posiciones financieras, estas son compartidas por otros inversionistas o usuarios del bróker que se conozca como exitoso en ese medio por sus operaciones.

Esto implica que el inversor puede copiar inversiones de otros traders que posean mayor experiencia y éxito, pero es un método que no resulta favorable para los que quieran aprender realmente, aunque para ganar confianza y comodidad es una opción válida, todo depende del tipo de inversor que seas.

Previamente a la copia de la estrategia de algún trader, existen algunos detalles por considerar, en primer lugar, no puedes perder de vista el parámetro de riesgo, los costes, y la exactitud de los informes de rendimiento, por ello es un método que funciona para seguir una parte de los fondos del inversor y copiar las posiciones del trader.

Si te interesa este tipo de inversión, no puedes pasar por alto tener cuidado para no invertir altas sumas de dinero, y entender en todo momento que es un riesgo seguir las ideas y estrategias de otro usuario puede ser perjudicial.

Las criptomonedas tendencias para invertir

Más allá del 2009 cuando nació el Bitcoin, se presentó el nacimiento de más criptomonedas, hasta del día de hoy donde una cantidad exorbitante de estos activos domina el mercado económico, donde surgen algunas con alto valor y popularidad que se han instalado por tiempo prolongado:

- **Bitcoin**

Como la primera criptomoneda es una garantía a nivel mundial, sobre todo por la popularidad que posee dentro de los mercados virtuales, esto queda demostrado sobre la capitalización en el mercado que logra superar todo tipo de récord o medida, por ello luego de 10 años sigue siendo una idea de inversión válida.

- **Litecoin**

Es reconocido como LTC y es una de las segundas monedas digitales con mayor tradición detrás, está detrás de todo el movimiento que genera el BTC, experimentando grandes subidas en el mercado, pero al mismo tiempo sufre períodos de quedar rezagado, como muestra del nivel de volatilidad que se observa en este medio.

Pero dentro de las características del Litecoin surgen algunas ventajas que superan al Bitcoin, una de ellas es el tiempo de las transacciones que llegan a cubrirse en 2,5 minutos, en cambio Bitcoin se toma 10 minutos, esto quiere decir que LTC es 4 veces más rápido que Bitcoin, y lo mismo ocurre con el número de monedas.

- **Ethereum**

Se trata de una criptomoneda que proporciona el beneficio de crear aplicaciones, o realizar cambios sobre algunas aplicaciones existentes, esto no es compatible con la plataforma de Bitcoin, además la capitalización que posee ha aumentado su nivel que en distintas ocasiones ha quedado cercano a BTC.

Ethereum está siendo reconocida como una de las criptomonedas aceptada por empresas y algunas entidades financieras, esto se debe al grado de popularidad que posee para muchas compañías, lo cual afecta al mismo tiempo la cotización de este activo.

- **Bitcoin Cash**

Es una criptomoneda que se ha posicionado como una de las principales a nivel mundial, sobre todo cuando se trata de capitalización, sobre todo porque su nombre lo indica es una opción de dinero efectivo, lo cual ayuda a que se considere como un método de pago más rápido y efectivo que el Bitcoin mismo.

Esa meta de buen funcionamiento ha sido un objetivo por parte de los desarrolladores que aumentaron el tamaño de los bloques que integran la red original, esto puede pasar de 1 MB a 8 MB, hasta la actualidad donde surgen en 32 MB.

- **Ripple**

Es una reconocida criptomoneda que no emplea la cadena de bloques, esto impulsa a que las transacciones lleguen al consenso de la mayor parte de la comunidad, de ese modo se puede operar con más rapidez que con el Bitcoin, por esta razón Ripple es definida como un tipo de servicio de red social.

Las funciones de Ripple se comparan con PayPal, pero la diferencia radica en que todos participan y se tratan de forma igualitaria, en cambio la gestión de PayPal es realizada por una autoridad central.

Identifica las cualidades de las criptomonedas

A medida que sepas y conozcas a fondo a las criptomonedas, puedes seguir de cerca el comportamiento que emiten sobre el mercado, sus distinciones son las siguientes:

1. Criptografía. Se conoce como el uso de técnicas de cifrado que permiten emitir cobros y pagos de forma segura.
2. Descentralización. Significa que estos activos no son controlados por ningún tipo de autoridad o institución.
3. Privacidad de operaciones. El uso de los activos se puede llevar a cabo sin exponer tu identidad, los datos permanecen seguros.
4. No puede surgir una duplicación o falsificación. El sistema criptográfico ayuda a que los usuarios

sean protegidos, porque no surge ningún tipo de problema con respecto a una duplicación.

5. Sin intermediarios. El contacto es directo al momento de realizar transacciones, de lo único que se depende es del bróker.
6. Transacciones irreversibles. Al realizar un pago, no hay forma de realizar alguna cancelación, esto proporciona seguridad.
7. Es permitido el intercambio por divisas. Las criptomonedas poseen amplia compatibilidad para ser convertidas en divisas con un simple clic.
8. Transparencia. Cada una de las transacciones pasa a ser registrada en un libro conocido como la tecnología Blockchain, la cual es inmune ante alguna manipulación.

Esta serie de características son las que facilitan reducir costos, tiempo y a su vez elimina ese riesgo constante a ser estafado, por ello es una mejor vía que cualquier otro agente financiero.

Los usos en la actualidad de las criptomonedas

Lo mejor de invertir en criptomonedas, es que sin importar la finalidad que posea ese paso, no deja de ser rentable, porque es un activo que cuenta con una variedad de usos, se trata de un medio ideal para realizar acciones comerciales como las siguientes:

- **Compra de productos**

En la actualidad el pago de criptomonedas es aceptado a nivel mundial, por ello puedes cubrir cualquier tipo de gastos con tus inversiones, sin retiros ni mucho menos trámites, es un activo que está bajo tu control para que puedas emitir transacciones con libertad.

- **Pago hacia comercios**

Tradicionalmente la aceptación de las criptomonedas causó que fueran clasificadas como un pago, es decir el dinero tradicional se ha cambiado por este tipo de activos que permiten pagar todo lo que desees.

- **Invertir**

No hay duda que el uso más atractivo que poseen las criptomonedas es la inversión, sobre todo en tiempos donde la inflación es una amenaza a nivel mundial, por este motivo más personas deciden tomar el riesgo de invertir y en el mejor de los casos puedes obtener importantes ganancias al paso del tiempo y los movimientos del activo.

Pero antes de dar ese paso, lo recomendable es evaluar lo que estás dispuesto a invertir, para que cualquier incidente negativo no afecte tu bienestar, de este modo el error minimiza cualquier nivel de estrés y es saludable para aguardar y respetar los tiempos de la estrategia de la inversión, lo cual es útil porque estos activos son volátiles.

- **Retiro en efectivo**

Los cajeros para criptomonedas son parte de las innovaciones que están detrás de estos activos, para permitir que exista y se pueda desarrollar un canje de criptomonedas por dinero fiduciario, esto a la vez aumenta la compra de criptomonedas para usarlo como un medio de pago más usual.

Este tipo de utilidades confirma que las criptomonedas son una realidad social, por ello al buscar una inversión rentable no se puede pasar por alto esta alternativa para enriquecerse, porque dar ese paso significa obtener grandes ganancias por medio de un mercado volátil pero que se mantiene joven por todas las proyecciones que se pueden realizar.

Lo único por hacer es comprar cierta cantidad de criptomonedas por medio del dinero fiduciario, esto es lo que permite que obtengas monedas en línea para tener bajo tu control, usando cada función que habita sobre la plataforma de trading y de este modo puedes acumular criptomonedas para que el capital pueda crecer.

Las precauciones al invertir en criptomonedas

Un paso como lo es la inversión en criptomonedas, demanda atención por tratarse de un entorno volátil y por eso mientras más cuidados se puedan tomar, mejores resultados financieros podrás obtener, ya que es usual que una criptomoneda supere sus máximos históricos y sea tendencia, pero luego se puede enfrentar a una caída grave.

Sin embargo, muchas sorpresas generan el medio de las criptomonedas, porque por mayor optimismo que poseas, muy pocos aciertan una gran subida y puede ser una cifra que realmente cambie tu vida conforme transcurra el tiempo, por esta razón cuando se presenta el estallido en alza, el activo pasa a ser codiciado por todos.

Pero cuando los valores andan mal, los inversores se retiran y esto refleja una clara caída sobre el precio de la criptomoneda, pero en líneas generales el mercado posee algunos patrones que se pueden identificar y seguir, es un panorama mucho más medible en comparación del pasado.

El mercado criptográfico de la misma forma que pone en marcha bajadas, también subidas, es una tormenta constante con la que debes estar familiarizado, por eso la mayoría crea planes alternativos para sostenerse ante momentos complicados, dentro del plan alternativo debes incluir las siguientes medidas de precaución:

1. **Desarrolla suficiente experiencia sobre este medio**

Puede ser una medida más que obvia, pero los mercados financieros siempre poseen cualidades de ser volátiles, al tratarse de criptografía esto aumenta por completo por ello es un consejo que no puede pasar desapercibida, esto forma parte del riesgo del mercado, aunque sea la misma dinámica que cualquier otro mercado.

A largo plazo este nivel de volatilidad es positivo, porque permite aprovechar la revalorización de la criptomoneda que se ha comprado, donde la tendencia apunta con mayor frecuencia sobre el alza más que sobre la baja, aunque el peligro reside es sobre la capacidad de arrastre porque cualquier corrección puede desplomar al mercado.

Para hacerle frente a estas situaciones y condiciones, es vital que cada inversor evalúe por sí mismo si poseen el perfil adecuado para invertir sobre esa dinámica, es decir aceptar trabajar sobre un mercado volátil e impredecible lo cual puede ser complicado al inicio cuando no se posee suficiente experiencia.

Así que para los inversores novatos es fundamental conocer todos los pequeños detalles sobre este tipo de mercado, de ese modo las pérdidas se pueden reducir de forma significativa.

2. No coloques todo el capital sobre un mismo activo

Normalmente los inversores en criptomonedas conforman una cartera para diversificar la inversión, de ese modo vas a contar con un recurso alternativo ante cualquier incidencia, cuando se pasa esto por alto es cuando surgen más consecuencias negativas ya que la volatilidad se puede tornar en tu contra.

El mundo de las criptomonedas está rodeado por una gran diversidad de opciones para invertir, pero algunas no poseen potencial para invertir a largo plazo y no todas logran sobrevivir, por ello debes informarte sobre las mejores opciones para dar este paso y crear un top personal de opciones de inversión según la información del mercado.

Al comprender a fondo el tipo de activo sobre el cual se invierte, se pueden seguir algunas reglas de inversión como lo es la diversificación, es una de las medidas más importantes para que el capital no esté centrado sobre un solo activo, por ello los inversores construyen una cartera usando el 5% o el 10% de las opciones o activos del mercado.

Lo siguiente por analizar es la distribución de la cantidad de capital para cada opción de criptomonedas, lo habitual es que un 80% se dedique para la que esté más consolidada y el otro 15% es mejor destinarlo para las demás monedas.

3. **Realiza seguimiento a las noticias y al análisis técnico**

Al ingresar al mercado de las criptomonedas es crucial conocer todo lo que ocurre en la actualidad, porque son activos susceptibles a las noticias o hacia algún anuncio, por ello cuando surge algún rumor, tuit o apadrinamiento como el de Elon Musk, se pueden disparar o desplomar algunas criptomonedas.

Aunque en medio de eses seguimiento también debes distinguir que no todo es útil, porque solo debes confiar en medios que sean confiables y reconocidos por la industria, de ese modo puedes obtener información que sometes a una perspectiva de investigación y refutación para seguir datos reales.

Las celebridades mismas son las que se encargan de crear repercusión del mercado, por ello los fondos son susceptibles a que noticias de interés sean capaces de generar volatilidad, pero esto no quiere decir que sea un factor mucho más importante que el análisis técnico.

Ante un nivel recurrente de volatilidad surgen algunos puntos que dejan una pista sobre el estudio, para reconocer el movimiento de los activos y entender la forma en la que el volumen se está negociando, es decir observando los puntos de acumulación sobre las posiciones.

Cómo invertir en criptomonedas a largo plazo

La inversión en criptomonedas a largo plazo es una medida común en la actualidad, ya que es una opción mucho más simple y deja un margen de rentabilidad a destacar, pero no significa que no debas conocer a fondo sobre el mercado antes de dar ese paso hacia la inversión bajo esta modalidad.

Las criptomonedas se conciben como un manejo virtual a libertad plena, porque se tratan de activos que se encuentran descentralizados, se tratan básicamente de algoritmos programados, y se pueden poner en marcha con facilidad porque cuentan con un nivel de velocidad y seguridad que llama la atención.

Este paso debe llevarse a cabo con inteligencia para cuidar tus fondos, ya que cuando encadenas acciones correctas puedes generar ganancias llamativas, así que invertir adecuadamente no depende de alguna decisión de suerte, sino que consiste en crear y mejorar constantemente una estrategia de inversión para que obtengas ganancias, puedes seguir estos pasos inicialmente:

- **Inicia invirtiendo poco**

En el caso de tener poca experiencia sobre la inversión de criptomonedas, lo más natural es que la ansiedad sea el norte de tus acciones, pero la recomendación es que no te adelantes o tomes decisiones apresuradas, lo que vas a necesitar al momento de disponer de tus fondos es apelar a la paciencia y a tomarte el tiempo necesario.

A medida que se puedan gestionar estrategias básicas del comercio puedes cosechar buenos resultados económicos, sin tanto margen de pérdida.

- **Invierte en tu preparación**

Antes de ser parte de las criptomonedas es un deber investigar sobre la tecnología blockchain, donde vas a encontrar un registro único y las monedas digitales, además es un entorno en el cual habita el suministro circulante vs el total, esto se conoce como monedas generadas vs las monedas existentes.

Otros elementos o signos comunes sobre estos entornos es la inflación, intercambios de billeteras, las claves privadas y públicas, si no dominas esos conceptos en algún momento vas a enfrentar problemas, así que la preparación nunca está demás, por ello la lectura es un medio clave para iniciar la inversión sobre las criptomonedas.

Normalmente las inversiones se enfrentan a pérdidas de dinero, sobre todo por no saber cómo empezar, es que hasta los más experimentados se enfrentan a pérdidas, pero la experiencia ayuda a tomar mejores decisiones, y para adquirir ese tipo de aprendizaje es necesario cometer errores.

El camino de las criptomonedas es arriesgado, pero cuando se realiza de buena forma como un progreso continuo, vas a conseguir una buena inversión sobre alguna moneda digital.

- **Estudia el tipo de intercambio a realizar**

La toma de tiempo es fundamental para hallar el tipo de intercambio que sea más conveniente, necesitas concentrarte en conseguir una mejor tarifa, porque una buena inversión estructurada de forma correcta desde el inicio termina dejando buenas cantidades de dinero, con ganancias que se sostengan en positivo.

Descubre la cotización del Bitcoin como una inversión a largo plazo

En medio del mercado de las criptomonedas se presentan diferentes fluctuaciones como ocurre sobre otro tipo de inversiones, en el caso de la cotización del Bitcoin o de cualquier otra criptomoneda te vas a enfrentar a diferentes cambios económicos, y ante la falta de regulación de estos activos puedes padecer distintas incidencias.

Una divisa virtual se encuentra al libre movimiento de cada usuario, pero al ser usado como un medio de pago, está ganando mayor confianza sobre la sociedad, ahora es una divisa que se está volviendo más tradicional, esto favorece a la inversión en criptomonedas hasta el punto de elevar su valor.

La regulación posee cierto impacto sobre el precio de las criptomonedas, ya que si imponen alguna medida de regulación que sea estricta, va a generar temor sobre los inversionistas, ya que se cuestiona el tipo de uso de estos activos y los controles que deben enfrentar al momento de realizar transacciones.

En algunos países como Japón, Argentina, Malasia y Venezuela, se empieza a restringir el uso de las criptomonedas, entonces lo que se teme es que pueda presentar algún tipo de prohibición, por ello la cotización se ve afectada y el mercado de las criptomonedas cambia, por ello es necesario que, ante un golpe de este tipo, se espere la estabilidad.

Lo mejor es aprender a crear modelos descentralizados, de ese modo puedes provechar la agilidad y la transparencia que no te hagan correr riesgos, el estado de salud o lo que esté pasando el mercado también importa, ya que modifica y afecta de manera directa el valor que recibe algún tipo de activo.

Las operaciones rentables a largo plazo en criptomonedas

La inversión en criptomonedas corresponde con una decisión que conlleva riesgos por el nivel de volatilidad al cual te debes exponer, esto se debe a la fluctuación que recibe el precio del activo, esto ocurre con cualquier tipo de criptomoneda, pero es posible apostar por esta vía como una obtención de ingresos a largo plazo.

La inversión a largo plazo es posible, sobre todo porque este activo virtual posee mejor rendimiento que algún activo físico, esto se conoce como HODL que quiere decir conservar la criptomoneda en lugar de sólo venderla, por este motivo las criptomonedas se conocen como inversiones ideales para empresas e instituciones.

La inestabilidad de los precios es un tipo de suceso al cual te debes acostumbrar al ser parte de este medio, ya que el ecosistema financiero está compuesto por este tipo de reacciones, esto causa que las criptomonedas no sean bien vistas, pero no dejan de ser una gran oportunidad.

En lugar de preocuparse por las fuertes y escandalosas caídas de los precios de las criptomonedas, lo mejor es entender y estudiar al mercado criptográfico ya que de eso depende que los fondos sean movilizados de forma positiva, debes conocer algunas formas de invertir como las siguientes:

1. **Trading de criptomonedas**

Es una forma de inversión en criptomonedas, la cual se lleva a cabo por medio de la compra y venta para cosechar algún beneficio sobre las fluctuaciones que se presentan en este medio y afectan al precio, esta es la parte del mercado que se puede aprovechar, y para ello puedes seguir toda la información de los movimientos por medio de Binance, Bitfinex, Kraken, entre otros.

2. **Inversión de largo plazo en cripto activos**

Se reconoce como un tipo de inversión a largo plazo, lo cual permite que se pueda apostar por un proyecto de blockchain que puede proporcionar mayor rentabilidad por medio del tiempo, aunque es una vía de inversión que demanda conocimiento, ya que el fondo se somete al riesgo de esperar largos plazos de inversión o de espera para observar rentabilidades.

3. Fondo de pensiones en criptomonedas

Distintas instituciones han lanzado a nivel mundial algunas campañas, para apoyar el uso de los criptoactivos como el sustento de un fondo de pensiones, de ese modo el tema de la jubilación puede ser tratado con menor trauma o temor ante la devaluación, por ello la confianza sobre los planes de pensiones ha crecido, para que los empleados tengan seguridad jurídica y financiera.

Invertir en un fondo de criptomonedas es una acción de presenta que deja grandes resultados a futuro, por ello es un empujón que está sucediendo con mayor regularidad, además causa que el dinero o fondo instituciones empiece a circular por el mercado de criptomonedas.

Esta medida es una solución para que, al finalizar cualquier desempeño laboral, te puedas encontrar con un fondo que no se ha visto golpeado por la inflación, y en el mejor de los casos de pudo haber multiplicado, todo se basa en asumir el riesgo hasta respetar los plazos de inversión para que sea una decisión rentable.

La especulación vs la inversión en criptomonedas a largo plazo

La mayoría de los inversores cuentan con una carga o una inyección financiera sobre los activos digitales como lo son las criptomonedas, ya que es una forma interesante de formar carteras y diversificar las operaciones con los fondos, porque una criptomoneda se entiende como una reserva de valor, superior al oro incluso.

En el caso de Ethereum se ha reconocido como el segundo mayor activo digital en el mundo, por los diferentes ascensos que ha tenido de forma paralela al Bitcoin, el cual es un importante precedente porque en lapsos de tiempo breves ha multiplicado su valor de forma llamativa.

Las subidas de cada activo, son una evidencia misma del tipo de volatilidad que se presenta sobre las criptomonedas, además es un activo que se somete a un fuerte componente especulativo que forma parte del mercado de las criptomonedas, pero esto ha ido cediendo conforme las instituciones han empezado a invertir en este medio.

Grandes empresas en el mundo están empezando a invertir en criptomonedas como una reserva de valor, porque es la mejor protección en la actualidad que existe para eludir la inflación, ya que se conoce como un activo que es capaz de ir más allá de cualquier tipo de especulación, por eso se integra fácilmente a cualquier plan de inversión.

Más allá de las correcciones que ocurren a corto plazo, algunas criptomonedas conservan su posición o estado de forma saludable, esto ha sido confirmado por parte de expertos en criptoactivos que se sostienen de manera optimista, aunque todavía existen muchas percepciones de que es demasiado pronto para reconocer a este medio como el ideal.

Pero la verdad es que, como una inversión a largo plazo, las criptomonedas están proporcionando perspectivas positivas, hasta el punto de que es una alternativa para ser parte de subidas beneficiosas, siempre y cuando puedas sostener la inversión en el camino para consolidad el capital invertido.

Probablemente los inversores a gran escala, aprovechan las caídas para ingresar y esperar que luego los balances aumenten, todo en base del precio de los activos, causando que se busque el precio más barato para entrar al mercado, es el sentimiento común de los inversores para obtener ganancias positivas.

- **Las claves de la inversión a largo plazo en criptomonedas**

En el caso algún activo como bitcoin se reconoce como una medida permanente sobre las inversiones a largo plazo, todo gracias al rol que posee como una respuesta de inversión con mayor proyección en comparación de las inversiones tradicionales con la moneda fiduciaria.

La creencia sobre las criptomonedas se posiciona en visualizarlas como una reserva de valor, es el mencionado oro virtual que logra vencer la inflación, por ello es un refugio ideal donde se puede diversificar con la enorme cantidad de criptomonedas que se han ido presentando luego del Bitcoin.

- **El alza de Ethereum**

Sin quitarle el rol al Bitcoin como una criptomoneda principal, el resto como Ethereum es capaz de despertar subidas importantes llegando hasta puntos máximos que son históricos y se conoce como Ethereum, donde se presenta un ascenso paralelo al Bitcoin, detrás de este tipo de activo se concentran una gran cantidad de similitudes.

Ambos activos poseen cualidades iguales, pero Ethereum se separa del Bitcoin porque cumple con el rol o la función de divisa, ya que se define como una plataforma blockchain en donde algunos desarrolladores pueden elaborar aplicaciones descentralizadas, estas se ejecutan sobre toda la red, en vez de usar servidores controlados por alguna organización.

El valor que se encuentra detrás de Etherum supera a alguna criptomoneda, porque posee importantes servicios, donde resaltan las aplicaciones de streaming descentralizadas, navegadores webs y otro tipo de utilidad digital, además cuenta con aplicaciones DeFi que son propias de las finanzas descentralizadas.

Al mismo nivel en el que surgen más usos de la tecnología blockchain, en esa misma medida el valor de Ethereum aumenta, por ello se conoce como un activo muy positivo ya que es un tipo de tecnología sujeta a avances, es factible para someterse a inversiones a largo plazo porque incursiona una carrera alcista.

Descubre cómo construir un portafolio de criptomonedas a largo plazo

La inversión por medio de criptomonedas a largo plazo se conoce como una estrategia ideal para buscar aumentar el capital inicial que posees, sobre todo aprovechando la variedad de activos que se encuentran en el mercado, cada una se reconoce como una oportunidad para ganar dinero o multiplicar los fondos.

La mayoría de los inversores experimentados maneja y domina ampliamente los fundamentos de la inversión, tales como la diversificación del portafolio, instrumentos que se aplican a corto y a largo plazo, investigación de mercado constante y otros, pero un novato también puede dominar esto y crear su propio portafolio de criptomonedas a largo plazo.

Para llegar a cosechar resultados por medio de la inversión a largo plazo, debes considerar los siguientes puntos:

- **Pros y contras**

En el caso de las inversiones a largo plazo, la concentración se torna sobre adquirir activos para acumularlos y venderlos más adelante, el tiempo en sí mismo puede variar según los objetivos de cada inversor, además a esto se suma la actitud holding que consiste en mantener los activos sin importar la situación que pueda surgir en el mercado.

Estos sinónimos se asocian directamente con la inversión a largo plazo, pero la diferencia sobre esta expectativa y el hodling se encuentra sobre la creencia, ya que si realmente existe la consideración de que una criptomoneda llegará a la luna entonces se sostiene la posición, en cambio la inversión tradicional se apoya de hechos confiables.

Sin importar el motivo por el cual se elabore la estrategia, lo esencial es que el enfoque de la inversión pueda funcionar a largo plazo, para ello se pueden emplear instrumentos tradicionales sobre los cuales apostar como bonos o acciones, para comprender mejor lo que representa la criptografía y su naturaleza volátil.

Sin embargo, es una industria que está sometido a cambios rápidos, estos son los riesgos con los que debes lidiar, sobre todo porque el activo que se ha comprado puede perder su validez a lo largo de un año, por ejemplo, pero ese mismo factor puede tornarse a tu favor, esto es usual cuando ocurren algunos eventos de relevancia criptográfica.

Los cambios imponen un resultado drástico sobre los activos y su valor, esto es lo que al final es capaz de devengar ganancias a considerar, pero contar con criptomonedas a largo plazo es una acción menos riesgosa en comparación de la actividad comercial diaria, sobre todo cuando logras tener una participación constante como comerciante.

Los pros de ejercer inversiones a largo plazo en criptomonedas son los siguientes:

1. La volatilidad a nivel criptográfico es capaz de elevar el valor de las inversiones en distintas ocasiones y sucesos.
2. Un elemento clave a estudiar es el proyecto que posee la criptomoneda, ya que este tipo de datos posee impacto directo sobre su valor y en el mercado, además una compra temprana de alguna criptomoneda es capaz de conseguir ganancias considerables a medida que transcurra el tiempo y el proyecto avance.
3. No interviene ningún tipo de autoridad central sobre el crecimiento y extensión de las criptomonedas, esto significa que la única persona que posee control pleno eres tú, significa que se trata de un activo descentralizado y ningún gobierno puede involucrarse para inflar el precio o desinflarlo.

Como existen precedentes positivos, también se presentan incidencias negativas como lo son las siguientes:

1. En algunas situaciones la volatilidad puede causar devaluación sobre la inversión a largo plazo, como uno de los resultados menos esperados.
2. Las criptomonedas como activos digitales, pueden representar cierta amenaza ante el pirateo de billeteras o sufrir algún incidente sobre los rastreadores de portafolios.
3. Se necesita cuidar a fondo el acceso hacia la billetera que es la que almacena los fondos, por ello las contraseñas necesitan estar blindadas ante el pirateo.

Estas evaluaciones positivas y negativas ayudan a tomarse en serio algunas precauciones al momento de invertir en criptomonedas, por medio de estos puntos de partida se pueden tomar las decisiones apropiadas para cada circunstancia o saber a lo que te vas a enfrentar.

- **Los pasos para construir un portafolio a largo plazo**

Al haber tomado la decisión de invertir en criptomonedas y conservarlas durante mucho tiempo, es esencial seguir algunos pasos básicos que van a facilitar que obtengas los resultados esperados.

1. **Elige alguna criptomoneda**

Un paso básico es seleccionar la criptomoneda en la cual vas a invertir, para facilitar esto puedes realizar una investigación sobre estos activos digitales para tomar una decisión según algunos datos adecuados que permiten que tomes la decisión de invertir a largo plazo, es vital prestar atención a la reputación del activo.

La investigación sobre un activo debe ser profunda, para ello puedes agotar cada una de las redes sociales para no pasar por alto, de esa manera se puede seguir de cerca la evolución y proyección de la criptomoneda,

2. **Investiga la idea**

El proyecto de toda criptomoneda se basa en una idea o una finalidad, eso es lo que debes evaluar o tomar en cuenta, porque si el activo está ofreciendo un enfoque completamente innovador, puede ser capaz de resolver incidencia y ese valor se refleja de forma directa sobre el precio del criptoactivo.

En el caso de que sea un activo que genere una visión de desarrollo sobre la tecnología blockchain, se van a producir diferentes cambios positivos sobre el precio, esto es útil para decidir si el proyecto es sólido como para adoptarlo como una inversión y si merece la atención completa como inversionista.

3. Evalúa la capitalización que tiene el mercado de la criptomoneda

El tema o aspecto de la capitalización de mercado se refiere a la representación de la participación que surge en el mercado de algún activo digital en específico, al obtener esa medida debes saber que, a mayor capitalización del mercado, disminuyen los riesgos para los inversores.

Pero estos aspectos son los únicos que conducen a hacer realidad la diversificación del portafolio, este es un paso que toman hasta los inversores más experimentados, ya que es una clave para tener éxito al apostar por las criptomonedas, de ese modo las pérdidas disminuyen y puedes dosificar las ganancias.

A largo plazo la consideración de este tipo de elementos conforma el camino hacia la obtención de ganancias, se trata de inteligencia para comprar diversas criptomonedas que sirvan para funcionar a largo plazo, esto ayuda a que puedas aprovechar las posibilidades de alguna subida de valor para que dispongas de beneficios financieros.

4. **Selecciona un rastreador de portafolio de criptomonedas**

En la actualidad se encuentran diversas herramientas creadas para ofrecer a los inversores toda la información detallada acerca de los activos, la solución puede estar bajo los servicios de Cryptocompare o también Cointracker, ya que son alternativas claras para rastrear las inversiones en criptomonedas a largo plazo.

Normalmente los inversionistas conservan los fondos por medio de billeteras digitales que son multidivisa, es esencial que se pueda elegir las que son más seguras y están protegidas.

- **Qué tipo de criptomonedas seleccionar**

El diseño de una cartera de criptomonedas conlleva un análisis previo, porque esta es la garantía para que obtengas una opción de inversión con mucho futuro, normalmente puedes seguir algunos rankings que clasifican la viabilidad de alguna criptomoneda, al seguir esto puedes tener la ayuda para que construyas la preferencia que necesitas para crear el portafolio.

1. **Criptomonedas principales**

En el caso de las criptomonedas principales se trata de las que representan un pilar fundamental para la industria de las criptomonedas, una de las más conocidas y obvias es el Bitcoin, esto significa que al momento de crear un portafolio contar con BTC entre tus opciones puede ser una medida inteligente.

En segundo lugar, dentro de las criptomonedas principales se encuentra Ethereum, la cual consta de una rápida evolución que tiene al ser usada sobre aplicaciones descentralizadas, por este motivo es un recurso con validez para conformar un portafolio a largo plazo.

2. **Criptomonedas anónimas**

En medio de la industria de criptomonedas se pueden llevar a cabo operaciones que protegen la identidad de cada usuario, ese nivel de privacidad se puede aprovechar al máximo una vez que estés realizando transacciones, esto se traslada hasta las criptomonedas anónimas que cada vez poseen o reciben mayor demanda.

En el medio de las cadenas de bloques y el desarrollo de las criptomonedas, se genera la adopción a gran escala de este tipo de activos, pero hace falta un poco de preparación previa para que se pueda preferir como una inversión que puede ser parte de tu rutina, este tipo de criptomonedas pueden ser Zcash y Monero, para que nadie rastree las operaciones al estar encriptada.

3. **Protocolos de criptomonedas**

Algunos proyectos deslumbrantes se presentan como una promesa para cambiar al mundo, esto sucede por medio de la era de las Ofertas Iniciales de Monedas que se conoce como ICO, estos en su mayoría se encuentran desactivados o se mantienen informado alguna circunstancia de estafa, y luego se presentaron soluciones tecnológicas que son innovadoras.

Por medio de la red de Oráculos descentralizados Chainlink (LINK), se presenta como una tendencia en la industria, ya que funciona como un intento para juntar las aplicaciones del mundo real con algunos contratos inteligentes, la función de Chainlink se mantienen en escalada sobre las criptomonedas.

El rol de Polkadot posee un extenso lapso de tiempo a través del cual ha confirmado su credibilidad, en teoría esta plataforma proporciona soluciones especiales para las transferencias realizadas entre cadenas, para atender los problemas de escalabilidad, por ello la moneda DOT es una opción factible para construir un portafolio a largo plazo.

Por otro lado, Cardano es un tipo de proyecto sólido que tiene la finalidad de solucionar algunos problemas centrales de blockchain como la falta de seguridad, de escalabilidad y transacciones transparentes, logrando tener acceso hacia una reputación íntegra, hasta llegar a una alta capitalización de mercado y emite lanzamientos de soluciones avanzadas.

Un activo interesante para fijar una billetera a largo plazo es MIOTA, porque se percibe como una opción atractiva para los comerciantes debido a que la criptomoneda IOTA se puede operar sin comisiones y mucho menos intervienen los mineros, los desarrolladores que intervienen dentro de este proyecto son autosuficientes para ofrecer escalabilidad.

Esta clase de proyectos no se basa en blockchain, sino que emplea una especie de consenso único que pertenece a Tangle, aunque cuenta con las cualidades principales de las monedas digitales como lo es el tema de la descentralización, método de cifrado, falta de control y otros.

Una criptomoneda a considerar es NEO ya que almacena ventajas competitivas dentro del mercado, y esto ha generado confianza para todos los amantes de las criptomonedas, sobre todo por la capitalización del mercado total que proporciona.

4. Otras criptomonedas

Cuando se trata de criptomonedas siempre surgen importantes alternativas que llaman la atención, una de ellas es Tron y EOS, las cuales pueden ser un complemento para diseñar el portafolio, siguiendo la intención principal que posee esta clase de activos es conservar un ecosistema apropiado sobre las cadenas de bloques nativas.

Pero sin importar la clase de criptomonedas que se trate, de igual forma el mercado se somete a constantes cambios en algunas horas, minutos o segundos, e incluso por largos periodos esta puede ser una variante recurrente, así que contar con este tipo de activos puede ser una idea provechosa.

Del mismo modo Stellar se encarga de trabajar para aumentar los pagos, y a su vez disminuir las tarifas sobre las transacciones transfronterizas, XLM se usa de forma constante por algunas empresas que tienen capitalizaciones multimillonarias, sobre todo porque es una criptomoneda barata que posee tendencia alcista.

Del mismo modo Litecoin es una versión mucho más rápida de BTC, y brilla dentro de cualquier top de criptomonedas, en medio de esa posición se ha mantenido y provoca un gran interés al momento de comprar y apostar por este activo, esto significa que se trata de una criptomoneda útil.

Finalmente surge una criptomoneda de gran renombre en el mercado como lo es Bitcoin Cash, la cual es un gran ejemplo del resultado que generó la bifurcación, sin olvidar que BCH sigue liderando el orden de las principales criptomonedas que poseen capitalización en el mercado.

Componentes de una estrategia de inversión a largo plazo

El movimiento que surge en el mercado de las criptomonedas es realmente alarmante para muchos, por esa razón posee un crecimiento notable, aunque las tendencias no se mantienen de manera eterna, es decir que no se trata de un ecosistema tranquilo y a su vez eso complica realizar HODL.

Ante esa mentalización muchos inversores son capaces de desistir y dejar grandes pérdidas, pero la respuesta puede estar sobre la determinación de la dirección del mercado, renunciando a un corto plazo porque es una medida más riesgosa y para los novatos puede resultar complicada.

La respuesta se encuentra sobre un camino a largo plazo para materializar tus oportunidades de generar ingresos y con las criptomonedas puedes lograrlo, para ello debes iniciar por darle forma a una estrategia que puedas seguir para que el portafolio pueda prosperar y que ningún aspecto mental te impida crecer.

Ninguna idea en el mundo de las criptomonedas es infalible, así que sólo se trata de una planificación para establecer buenas prácticas, de ese modo puedes disminuir las posibilidades de perder la totalidad de tu capital, y al mismo tiempo seguir acciones más oportunas para cosechar una rentabilidad positiva.

Pero enfocarte en todo lo que ocurre diariamente en el mundo financiero no es una buena idea, aunque tampoco quiere decir que debes esperar comprar y resguardar el dinero con una actitud totalmente pasiva, ya que de eso no se trata la práctica del HODLing, donde es cuestión de emplear la paciencia para medir lo que va ocurriendo en el mercado.

Para contar con una mayor claridad es vital desarrollar un plan con una estrategia sólida, de ese modo se pueden conservar las criptomonedas en un portafolio que sea capaz de proporcionar los beneficios financieros que buscas, esto es lo que se quiere lograr al comprar criptomonedas.

- **Las bases de una estrategia de inversión a largo plazo**

Un paso inicial para conformar una buena estrategia de inversión a largo plazo es utilizar fondos que no sean necesarios para vivir, de ese modo si te sucede algún tipo de eventualidad o emergencia vas a salir de los problemas sin recurrir a esos fondos, de lo contrario vas a vender las criptomonedas en un momento que te genere pérdidas.

Además de fondos adicionales, es vital cuidar el tema de la seguridad para que los fondos invertidos no corran ningún riesgo, mucho menos durante el tiempo que no se van a tocar porque estarán invertidos, esto es fundamental para que no te dejes llevar por tus emociones y desees retirarte, así que lo mejor es pensar que no es tuyo y que está a salvo.

Otro aspecto clave al momento de invertir en criptomonedas, es el conocimiento que poseas sobre el proyecto en el cual inviertes, a medida que respondas algunas preguntas profundas vas reconocer el potencial que hay detrás de dicha inversión, por ejemplo, si se trata de un activo que resuelve algún problema y el tipo de industria a la cual pertenece.

De esa manera puedes descubrir quién está detrás del proyecto, para que no se trate de un activo sin futuro o posiblemente que conduzca a una estafa, por ello para conformar una estrategia necesitas tomar en cuenta estos aspectos, para seleccionar la que posea mayor movimiento en el mercado para cuantificar el futuro y potencial que tiene.

En el caso de una estrategia a largo plazo, se debe medir lo que ocurre a mediano plazo también porque eso al final cuenta, esto sucede gracias a las variables que están detrás de la tecnología blockchain, la cual sólo posee como objetivo mejorar cada detalle sobre las criptomonedas.

Al tener en mente los ideales principales de estos activos la concentración se puede dedicar sobre la compra sistemática, siempre y cuando el precio esté bajo, para luego disponer de la oportunidad de venderlas cuando hayan multiplicado dicho precio, aunque de antemano debes reconocer que es posible que falles porque no hay formula precisa.

Necesitas concentrarte en que la metodología de inversión siempre está sometida a pérdidas, por ello no debes preocuparte demasiado por los movimientos opuestos a lo que invertiste que puedan surgir en el mercado, ya que se trata de un ecosistema volátil y esto conduce a una situación de estrés constante.

Aceptar ese tipo de riesgo, va a permitir que ignores lo complicado que puede ser este entorno, esto es esencial para que te sientas bien con el mercado y sobre todo con lo que has invertido, adicionalmente surge el concepto "Market Timing" como una habilidad para saber hacia qué dirección se va a inclinar el mercado.

Pero ese tipo de estudios no son seguros, ya que ante un mercado no hay exactitud y a largo plazo te puede hacer caer en alguna trampa hasta perder dinero, así que lo mejor es comprender que se trata de un ecosistema fuera de tu control para aceptar lo que ocurra y de ese modo se van a presentar mejores resultados.

- **Conócete a ti mismo**

Ante un mercado con un alto nivel de volatilidad, surge el riesgo de tener que luchar contra tus emociones y creencias, esta estrategia busca dejar a un lado los sentimientos para que las decisiones se puedan tomar con mayor claridad, sobre todo cuando se opera dentro de un mercado que no se mueve de forma racional.

A corto plazo cualquier tipo de noticia puede llevar a que surjan caídas o alzas sorprendentes, pero a largo plazo si tienes la oportunidad de medir la escalabilidad del proyecto al menos con un razonamiento más lógico, de ese modo puedes encontrar una oportunidad de inversión y no vas a actuar por el impulso del miedo.

Normalmente cuando no te controlas a ti mismo o no te tomas el tiempo para pensar en lo que vas a hacer, ocurren los siguientes errores comunes:

1. Invertir en algo que desconoces o no comprendes.
2. Concentrar toda la inversión en único activo.
3. Comprar y vender de manera constante sin alguna planificación.
4. Invertir altos márgenes de dinero en alguna moneda con bajo valor.
5. Aplicar apalancamiento y compra en corto.

Sin embargo, todo inversor es humano, y en cada paso va a surgir un valor emocional, sobre todo en la elección de los activos, pero se debe diferenciar que no se trata de creer de manera ciega en el activo que compras o en los movimientos del mercado, esto quiere decir que mayormente es falso cuando alguna persona asegura que un activo va a subir.

Luego cuando en el mercado se presenten hechos contrarios a los anunciados vas a buscar alguna excusa, por esta razón lo mejor es apegarse a recordar que se trata de un mercado volátil, o simplemente asumir la equivocación en la forma de actuar, ya que en medio de una inversión los sentimientos son los menos que predominan.

- **Investiga los proyectos antes de invertir**

Al invertir a largo plazo, pierde relevancia las velas, las tendencias de algún gráfico, y cualquier otra medida, ya que los elementos que adquieren protagonismo son los que conforman el proyecto de la moneda, por ello debes estructurar un tipo de investigación personal porque es importante.

Las cualidades habituales de este tipo de investigación son las siguientes, para que puedas analizar la forma adecuada para dar ese siguiente paso:

1. ¿Quién respalda el proyecto?
2. Claridad y detalles sobre el whitepaper.
3. ¿De qué forma funciona el proyecto? Para buscar algún razonamiento técnico.
4. Qué tipo de problema real busca resolver o su utilidad.
5. La industria que representa dicho activo.

6. Las asociaciones que apoyan el surgimiento de este activo.

En caso de no comprender en primera instancia el tipo de tecnología, la industria o la finalidad de la moneda, debes esperar y considerar tu entrada a este mundo, para ello puedes optar por consejos de expertos, algún curso básico, es decir preocuparte más por tu formación sobre el mundo de las criptomonedas.

Pero el límite se concentra en no comprar únicamente porque lo has leído en alguna red social, sino contar con un punto de partida más sólido para evaluar únicamente los hechos, las propias investigaciones tienen más peso para tomar decisiones, en lugar de sólo seguir algunas recomendaciones, de ese modo eres mayormente responsable de lo que ocurra.

- **Cartera de inversión diversificada**

Diversificar la inversión es un paso fundamental, ya que funciona como un arma de protección para que el nivel de riesgo pueda descender, porque sin importar cuanto hayas leído sobre algún proyecto, todavía queda mucho por aprender y determinar, así que la incertidumbre se puede disminuir cuando compras diferentes activos.

Un detalle o punto a destacar es que concentrarse en comprar monedas que tengan un valor mínimo en centavos, tampoco es una solución porque puedes acabar perdiéndolo todo porque no conoces a ciencia cierta si se trata de un proyecto con futuro, lo mismo ocurre con las monedas que lucen perfectas, al final nada es seguro o confiable.

En un mercado donde surgen tantas monedas a diario, es usual que se elija mal un proyecto o que nazcan amenazas a raíz de algunas criptomonedas surgentes, así que la competencia es un factor a tener presente, en el caso de IOTA se trata de una criptomoneda que no empleaba la tecnología blockchain, pero ahora han surgido Circle y Hashgraph como competencia.

Otro ejemplo claro es el caso de Ripple que era única en perseguir la finalidad de apoyar el sistema bancario, pero luego con la llegada de Stellar obtuvo competencia, estas premisas son importantes de considerar previamente, para continuar a construir un portafolio balanceado.

En primer lugar, puedes tener una cantidad de dinero que alcance medianamente al valor de las criptomonedas, además de no tener limitaciones sobre el tipo de criptomonedas que vas a añadir, estas visiones son unas de las más recomendables, por ello un primer paso básico es construir una cartera que tenga diferentes tipos de activos.

Luego cuando exista esa diversidad de criptomonedas en la cartera, se debe conservar la cantidad invertida sobre cada una, de ese modo va a tener un balance equilibrado, porque si posees $10.000 por ejemplo, y unos 10 activos, lo importante es que cada cierto tiempo se pueda llevar a cabo un rebalanceo para que se mantenga invertida una medida de $1.000.

Los diferentes tipos de criptomonedas a través de las cuales puedes conformar la cartera son las siguientes:

1. Monedas transaccionales.

2. Tokens de valor.
3. Monedas de plataforma.
4. Tokens de utilidad.
5. Tokens respaldados en activos.

De igual forma pueden surgir algunas categorías adicionales, además las criptomonedas poseen leves distinciones de los tokens, pero en realidad son características formales que no son cruciales, por ello antes de invertir puedes consultar ese tipo de conceptos, en el caso de las ICO pueden encajar en cualquiera de esas categorías, según el ofrecimiento.

Se pueden verificar algunas estimaciones conceptuales sobre las monedas transaccionales que son las que ofrecen valor, dentro de ese rango se incluye al Bitcoin, en cambio las monedas de plataformas son las que se conectan con la tecnología blockchain y se pueden crear aplicaciones a través de la misma, esto ocurre con NEO, Ethereum y otras.

Una descripción de los tokens de utilidad se basa en los que son construidos para las dapps, es decir cumplen con un diseño para la aplicación de blockchain, en el mismo sentido resaltan los tokens de valor que son los que no cumplen con ninguna fundación y se usa para recaudar fondos.

Por otro lado, los tokens respaldados en activos se encuentran en pleno auge, y son los que representan el valor de otro tipo de activos, un ejemplo de la formación de la cartera es la inclusión de EOS, IOTA, NEO, Monero, Cardano, Stellar, Ethereum y Bitcoin, esa es una referencia útil, pero puedes tomarte el tiempo para decidirte por la cartera que más te convenga.

El balance a elegir siempre debe adaptarse a tus necesidades, además debe tener presente que surgen activos más riesgosos que otros, por ello debes buscar las que sean más seguras para ti, sin acudir por una alternativa que sea desmedida, a esto se suma que cada 6 meses puedas vender algunas criptomonedas que hayan aumentado su valor.

En el caso de que algunos activos bajen, es momento para comprar más, esa es la ruta para que el portafolio pueda conservar una línea equilibrada, sin necesidad de que todos los activos vayan en la misma proporción, pero una regla general es que ninguna criptomoneda acapare todo el peso o relevancia.

- **Otros aspectos de una estrategia**

Al cumplir con las investigaciones respectivas, para elegir las criptomonedas, lo próximo es dedicarse a construir una estrategia sólida con todos los elementos necesarios, de ese modo vas a conservar la disciplina que este tipo de inversión requiere, de esa manera puedes disminuir algunas pérdidas.

Si no cubres esa dosis necesaria de disciplina, vas a ser dominado por las emociones, en cambio cuando te concentras en la inversión, recibes la oportunidad de ganancias cuando surjan buenas señales dentro de un mercado cuando se presente alguna señal alcista, pero si lo vendes antes por desesperación vas a perder la oportunidad de obtener ganancias.

Por esta razón debes cumplir con estos aspectos adicionales para tener una estrategia fuerte:

1. Selecciona la frecuencia para medir y evaluar el portafolio de inversión, puede ser una vez a la semana o una vez al mes, lo importante es que se trate de un día cómodo para que no tengas apuros y puedes realizar el análisis con el tiempo que merece.
2. Emplea una aplicación que te permita realizar seguimiento de los precios, de ese modo vas a percibir cualquier movimiento, una de las alternativas más usadas es Altpocket, ya que te permite ver el rendimiento que posee el portafolio, ya sea por completo o individualizado con cada criptomoneda.
3. Es útil conformar un programa de precios promedio, ya que funciona para decidir sobre la cantidad total de la inversión, hasta medir las obligaciones y la cantidad de tiempo que esos fondos van a ser parte de esta finalidad.
4. Elige una estrategia para llevar a cabo la toma de ganancias, es decir necesitas responder en qué momento vas a vender las criptomonedas para conseguir ganancias, cuánto es la cantidad

a vender, por ello lo ideal es que cuando conformas la cartera con los porcentajes puedas seguir esas normas de forma fiel.

Las convicciones son fundamentales para no perder de vista lo que debes hacer al momento de vender o comprar, siguiendo un lineamiento más equilibrado, por ello estas reglas básicas son una disposición para comprar y tomar decisiones oportunas ante cualquier momento.

- **Las reacciones y decisiones al comprar**

Un consejo clave es encontrar la forma de mantenerse realizando compras de forma paulatina, de ese modo no recibes los incidentes de la volatilidad, de esa manera se puede decidir el momento indicado para comprar, aunque puede ser complicado visualizar algún tramo que sea perfecto, por ello al hacerlo por parte no vas a ser afectado de forma negativa.

Contar con un precio promedio es una alternativa ideal para que puedas comprar criptomonedas sin tantos problemas o consecuencias negativas, en cambio cuando se realiza la transacción de una sola vez se presentan las pérdidas y lamentos, la idea es conseguir el mejor precio para que las emociones no intervengan sobre esta inversión.

Cuando se conforma un portafolio no se piensa en la situación a futuro que puede padecer el mercado, sobre todo porque es imposible saberlo a ciencia cierta, pero cuando los periodos de compras son más flexibles, mantienes la calma de manera independiente a lo que ocurra en el mercado.

Normalmente los programas o métodos de compra se basan en la frecuencia, porque pueden ser compras semanales, mensuales o anuales, y también se puede realizar por cantidad, de ese modo se puede realizar en rondas de menor a mayor o viceversa, lo importante es que sea en diferentes ocasiones.

Toda situación de riesgo se puede hacer a un lado por medio del costo promedio, es una ventaja para invertir a largo plazo con un mejor inicio que se traduce en productividad a futuro, ya que se busca que la criptomoneda crezca o aumente su valor con el tiempo, pero para sacar de tu mente esa búsqueda excesiva del mejor momento, hacerlo con pausa es la mejor respuesta.

Otra alternativa al momento de comprar es cubrir la inversión por todo el portafolio de una sola vez, esto conlleva un amplio margen de riesgos, pero también algunos beneficios, pero si se compra de una vez, puedes encontrar la ventaja de disponer la venta a tu ventaja, dejando a un lado los aspectos psicológicos.

Pero cuando se compra por medio de distintos precios, no te ves afectado de la misma manera, esto causa que sea más sencillo esperar a que la inversión produzca ganancias, posee una fortaleza psicológica, cuando pienses en establecer un hábito de compra, es mejor que no tomes en cuenta el precio del mercado.

A simple vista el precio del mercado puede lucir conveniente, pero no puedes pasar por alto algunos porcentajes o comisiones de por medio, ya que la orden de compra se enfrenta a distintos montos y ofertas, esto depende del tipo de Exchange que elijas, ya que cada uno posee su propia política sobre las transacciones y emite una experiencia diferente.

Otra variable que afecta al costo promedio, es el costo promedio relativo, este permite formalizar una estrategia que va en sentido contrario de las recomendaciones de formar el portafolio, porque impone que se ignore el precio al momento de comprar, aunque en algunos casos esto genera buenos resultados.

Contar con un presupuesto de compra y un período fijo para cumplir con esto es vital, ya que, si posees cierto capital y compras con una parte de ese capital, vas a tener la oportunidad de compras más cuando los precios caigan, y en dado caso que el precio aumente, es una señal para comprar menos.

Este tipo de variantes causa que tengas la obligación de trabajar y concentrarte mucho más por los resultados, pero en realidad lo que se complica para muchos es reconocer en qué momento contenerte, ya que esa ansiedad puede causar que te desvíes de cumplir con el plan, porque sólo vas a observar y seguir el cambio de precio para tomar una decisión.

Lo importante es que de ti depende reconocer el tipo de estrategia adecuada para que tus emociones sean calmadas y obtengas la mejor reacción posible ante algún cambio de precios.

- **Realiza el rebalanceo del portafolio**

La acción de rebalancear se conoce como una actividad básica para controlar tus activos, ya que cuando notes que algún activo aumenta su valor de forma significativa, significa que es momento para vender, ya que el valor ha crecido y la compra de otras va a permitir que el portafolio quede equilibrado y obtengas ganancias.

Este tipo de reacciones causa que los activos que forman parte de una cartera de inversionistas, no sea excesivamente importantes, ni que otras pasen al olvido, se trata de mantener la concentración a tope, en el caso de que una criptomoneda crezca el 400%, y otro se sostiene con un crecimiento estable, ese activo se convierte en el 40% total del portafolio.

Sin importar que al inicio tenías en mente que ese activo sólo ocupara el 10% del portafolio, luego esa medida puede cambiar, lo mejor es que diseñes una especie de gráfico o una lista donde puedas visualizar mejor lo que ocurre, como una ilustración para que el activo esté representado.

Las aplicaciones de seguimiento ayudan bastante a esta tarea, para luego tomar la acción de vender alguna porción de algunas criptomonedas que hayan crecido de forma llamativa durante estos últimos días, es decir que, si Bitcoin sube, y en cambio IOTA ha estado invariable, necesitas vender un parte del Bictoin para comprar más del segundo activo.

Esta clase de estrategia se realiza según el tipo de plan de inversión que estés siguiendo, además son pasos a realizar semanalmente, mensual o semestral, pero lo más aconsejable es que no sea durante períodos cortos de tiempo, ya que las comisiones van a afectar el tipo de ganancias que puedes generar.

Realizar una revisión una vez, cada tres meses es una medida óptima, sin caer en alguna transición que sea volátil, porque las operaciones de compra y venta estarán influenciadas por el momento del mercado, pero no quiere decir que esté prohibido, lo importante es que sea una decisión bien fundamentada.

Esta clase de previsiones son útiles para emplearse como una herramienta con poder para enfrentarte al riesgo con mayor seguridad, además se disminuye el riesgo cuando no apuestas todo por una sola, en cambio cuando diversificas obtienes muchas oportunidades de ganancia con cada movimiento en el mercado.

- **Cómo tomar las ganancias**

Tomar o retirar ganancias se puede entender a simple vista como algo sencillo, pero cuando se lleva a cabo este tipo de inversión se debe pensar dos veces esta acción para ganar rentabilidad sobre estas opciones, ya que el mundo de las criptomonedas es riesgoso y cuando inviertes a largo plazo necesitas mantener una posición sin vender.

Por más que cambien las condiciones del mercado, lo ideal es aferrarse a que las criptomonedas puedan ir evolucionando conforme transcurra el tiempo, para ello debes olvidarte de las necesidades que poseas para dejar que el dinero genere las ganancias esperadas, no hay razón para vender y perderse de los máximos que se presenten.

Puede ser complicado esperar que una criptomoneda suba un 500%, pero también puede llegar a desplomarse un 300%, por ello el retiro de las ganancias posee un tiempo oportuno, aunque vender en el máximo para vender en lo mínimo es algo complicado que intentar dominar puede traer pérdidas.

Ese tipo de meta puede ser clasificada como codiciosa, por esperar grandes subidas para vender, además muy pocos son capaces de predecir el aumento de algún activo, porque determinar ese tipo de movimiento con exactitud es complejo, ya que la cotización es variada, a esto se suma el factor emocional de creer en alguna criptomoneda.

No son estimaciones sencillas, pero cuando ganas convencimiento, no persigues el resultado de comprar y vender sin dedicarle atención a los movimientos del mercado, a menos que busques un riesgo elevado para ganar dinero más rápido, sin importar lo que eso signifique.

Sin importar las necesidades que puedan presentarse, lo ideal es que sigas o cumplas con la inversión a largo plazo que seleccionaste a primera instancia, luego con el tiempo vas a cosechar un notable crecimiento en base al porcentaje adquirido con el tiempo, así que la respuesta más segura es seguir el plan establecido.

Al vender una criptomoneda se debe evaluar el lado atractivo que pueda haber perdido conforme transcurrió el tiempo, ese es un punto de vista fundamental a considerar, sobre todo tomando en cuenta que el mercado siempre va a presentar un comportamiento incontrolable.

Por más que se trate de la mejor criptomoneda que exista, si no observas valor sobre la misma, pueda que en poco tiempo pierda su valor, por ello la respuesta se encuentra detrás de ignorar un poco a las cotizaciones, porque lo que más importan son las ideas detrás de las criptomonedas.

En síntesis, esta estrategia para invertir a largo plazo, cubre todos los momentos de tensión, ya que ante noticias o movimientos de precio puedes sentir alguna presión, y eso solo te empuja a cometer errores, esto aplica para cualquier tipo de activos, ya que ninguna inversión es segura al 100% y exitosa.

Algunas medidas para acertar en inversiones a largo plazo

Conformar una inversión a largo plazo requiere que se supere el plazo de 12 y 18 meses con la posición o tenencia de un activo, pero en realidad al ser una inversión quedan muchos aspectos por estudiar, uno básico es el objetivo personal que poseas, ya que será la motivación principal de las estrategias para aprovechar el tiempo como un factor a tu favor.

No hay duda que la finalidad de este tipo de inversión es obtener rentabilidad al 100%, por medio de una solidez llamativa, y una revisión constante de lo que ocurre, para sacar provecho de los flujos de efectivo, lo que se busca es la revalorización de los activos por medio de los movimientos del mercado.

La alta volatilidad se usa a favor para que el movimiento del mercado sea lo que deje o arroje ganancias, pero para ello es vital aprovechar el tiempo para llegar a esos flujos de activos, por esta razón el primer paso básico es reconocer la importancia de la diversificación de los activos.

Los activos se enfrentan a un riesgo determinado, el cual produce rentabilidad, ante esto tienes dos opciones o asumir la rentabilidad y el riesgo que esto conlleva, o no aceptarlo y no generar ningún tipo de ganancia o inversión, pero como son inversiones a largo plazo no vas a estar expuesto a tanto nivel de riesgo, los aspectos a cubrir son los siguientes:

1. **Rentabilidad**

El riesgo y la necesidad de minimizarlo, es lo que va a depender o estimar el nivel de rentabilidad obtenido, porque si te cuidas demasiado no generas las mismas ganancias, en todo momento la rentabilidad se asocia de forma directa con el riesgo, es vital concentrarse en que, si buscas un riesgo mínimo, solo vas a contar con una rentabilidad mediocre.

Si inviertes en un activo que proporcione rentabilidad equilibrada, puedes ajustar o estimar el riesgo al combinarlo con más activos, por ello es esencial la diversificación a largo plazo, en lugar de sólo preferir un activo individual, para cosechar una renta variable, y las criptomonedas con su comportamiento son mejores que otros instrumentos.

2. La apuesta por dividendos

Es otra clase de estrategia para implementar inversiones a largo plazo, para ello se sigue la finalidad de los proyectos para medir el tipo de beneficios que pueden proporcionar, para sacar provecho de esto es importante elegir las empresas que generen buenos dividendos que sea un ingreso tanto constante como creciente.

Esto se conoce como una medida original para las acciones, porque el rendimiento de estas se describe como una renta variable, pero los dividendos a cobrar no se establecen sobre ningún tipo de acuerdo, pero la selección debe ubicarse sobre las empresas que posean un aumento considerable de los dividendos.

3. Replicar un índice

Son fondos que simulan y replican algún comportamiento sobre el índice del mercado, esto puede ser de una renta fija o una renta variable, de ese modo el inversor puede obtener una suscripción sobre el fondo y forma una cartera de activos, la cual debe seguir la misma composición del índice, esto es clasificado como fondos indexados.

La utilidad de esta alternativa es replicar alguna economía sin necesidad de fijarse demasiado en la gestión de la cartera, se trata de un seguimiento mucho más pasivo, tomando en cuenta que un índice es una media que se pondera y se busca que la volatilidad sea menor a los activos individuales que lo componen.

Cada oscilación de los activos empieza a compensarse entre los mismos, y el riesgo es menor, se trata de una intención de dominar el mercado para proceder a manejar un mayor nivel de riesgo, para esto se ubica la mejor respuesta de seguir al mercado en lugar de dominarlo, porque la economía posee más principios a seguir a largo plazo.

En medio de los impulsos del mercado, surgen también retrocesos y oportunidad para obtener beneficios sobre las temporadas alcistas, siempre confiando en que el mercado se va a revalorizar a largo plazo, por ello según el comportamiento de las criptomonedas, puedes decidirte para armar el portafolio de los activos.

4. Las inversiones alternativas

Optar por medios alternativos es útil cuando no posees un índice que seguir o no posees claridad sobre el comportamiento de la criptomoneda, para establecer rentas variables que generen la capitalización esperada, se trata de reinvertir los rendimientos en el propio fondo que posees, para que obtengas el interés compuesto.

Una criptomoneda como un producto financiero importante, permite la reinversión para conseguir rentas a través de las estrategias a largo plazo, de ese modo se obtiene el potencial del interés compuesto.

5. **Inversión Value**

Es presentada como una estrategia que ganó popularidad por medio de Warren Buffett, este prendió este tipo de ideales gracias a Benjamin Graham, en sumatoria dos brillantes inversionistas que recomiendan no perder de vista al valor, sobre todo por lo que representa en el mundo financiero como una especie de religión.

La creación de riqueza que produce Buffett, causa que se sigan sus conceptos sobre la interpretación de los mercados financieros, donde se establece la revisión sobre el fondo de renta variable, esta política busca a los activos que posean un precio en el mercado bajo en comparación de la valoración y utilidad objetiva que poseen.

Para ello se debe llevar a cabo una tasación del proyecto, siguiendo los datos brutos y objetivos, para determinar el valor del activo en realidad, luego esto se compara con el precio a través del cual se cotiza en el mercado, de ese modo puedes notar si está por abajo o encima de lo que vale, y descubrir na gran oportunidad de inversión.

Al ingresar en el mercado, y esperar a largo plazo puede que el precio del activo se ajuste hacia lo que vale realmente, pero es una situación que requiere paciencia, ya que un activo no recupera su posición en corto tiempo, por ello es una estrategia a implementar para los inversionistas que no poseen apuros y funciona sobre criptomonedas.

Esto sigue el mensaje que tanto recalca Buffett de comprar únicamente lo que desees conservar, más allá de que cierren el mercado durante 10 años, por ello se trata mayormente de una filosofía, donde igual cuentan todos los factores fundamentales del activo y del proyecto que hay detrás, esto exige conocimientos.

6. Complemento de una inversión a largo plazo

Toda clase de fondos de renta fija a largo plazo, son útiles cuando se añaden algunas observaciones impuestas sobre el comportamiento a largo plazo que posea la criptomoneda, de ese modo la rentabilidad se traslada hacia un plano anual, de ese modo puedes contar con un mayor grado de seguridad.

Al tratarse de una inversión a largo plazo, el factor de la liquidez queda a un lado, sino que se busca construir una cartera que posea un fondo garantizado, de ese modo se completa la inversión para ir luego infraponderando la cartera, para que siempre genere una renta fija como un producto financiero estable.

El rol de las criptomonedas como una opción a largo plazo

La entrada al mundo de las criptomonedas debe ser considerada por el crecimiento potencial que poseen, por ello es una opción de inversión que gana poder, sobre todo porque estos activos digitales ganan más poder en comparación de los mercados financieros tradicionales.

Todo ocurre sobre el aprovechamiento de las oportunidades del mercado, para ingresar cuando se presenten algunas caídas, sin nublarte de algunos días buenos donde el precio no desciende, pero si aumenta en días posteriores, por ello es una espera que puede arrojar dos resultados opuestos, en un mercado no se sabe a ciencia cierta lo que ocurre.

Los nuevos inversores en criptomonedas pueden sentir temor inicialmente, por ello algunas ocasiones generan una recesión profunda, y algunas ventas desesperadas pueden causar que haya pérdidas significativas, esto sucede cuando se presenta un mercado bajista, lo cual puede demorar una gran cantidad de tiempo volverse a recuperar.

El comportamiento de las criptomonedas a lo largo del tiempo, ha marcado un patrón asociado directamente sobre la volatilidad que es lo que alimenta el crecimiento y las ganancias de alguna inversión, sin que el temor a las temporadas bajistas conduzca a reacciones desesperadas o contraproducentes.

Trucos para invertir a largo plazo en Cardano

Las escaladas de algunas criptomonedas se pueden aprovechar por completo, y ese es el caso de Cardano, un activo que desde que surgió en el año 2017 se mantiene sobre posiciones ascendentes, esto comprueba la enorme fluctuación que está detrás de estos activos, y es una constante que afecta a los precios.

Para algunos inversores la apuesta por las criptomonedas puede resultar inapropiada, aunque el atrevimiento por esta inversión ha crecido los últimos años, ya que es un mundo prometedor donde Cardano está ganando espacio por su criptomoneda ADA, más allá de que este tipo de transacciones no están reguladas de igual forma sigue creciendo su popularidad.

El mercado de las criptomonedas es cada vez más apreciado, por ser una alternativa interesante por la cual invertir, ya que surgen activos como el caso de Cardano que pueden convencer a cualquiera, estos forman parte del desarrollo de la cadena de bloques de Input Output Hong Kong, lo cual llama la atención de los inversores.

El nacimiento de Cardano data desde el año 2017, luego ha tomado un lugar importante sobre el mundo las criptomonedas, sobre todo porque sus noticias y alzas coinciden con una época alcista, y esa racha ha sido aprovechada para que el comienzo de ADA sea positivo, hasta el punto de dispararse y surgir en las clasificaciones principales de tokens.

El interés por la cadena de bloques de Cardano aumenta de forma constante, ya que su estructura de dos capas llama la atención, desde su primera capa denominada como CCSL que cubre las transacciones de criptodivisas, y la siguiente capa es la de CCL que cumple la función de poner en marcha las aplicaciones y la entrada de desarrolladores.

Ese funcionamiento es una novedad por encima de la tecnología de Bitcoin, Ripple, Litecoin y Ethereum, gracias a que la tecnología blockchain se vuelve más accesible, tal como ocurre con las cualidades de Cardano, hasta llegar a un punto apasionante al estar al alcance de cada usuario para invertir a corto y a largo plazo.

Todo lo que debes saber sobre la preparación de inversión a largo plazo

El retorno del mercado de las criptomonedas llega o supera el 900%, sobre todo luego del año 2017, esas cifras no se observaban antes en algún mercado, esto causa que la inversión largo plazo sea la mejor estrategia para obtener ganancias, pero para llegar a ese punto debes construir un portafolio que pueda disminuir el margen de pérdidas.

La visión a largo plazo es un sinónimo directo de paciencia, además de aceptar que se trata de un mercado que se mueve con rapidez, así que, en lugar de años, todo puede quedar reducido a meses, esto es parte de las ventajas que puedes disponer de invertir a largo plazo, que tienes la posibilidad de discernir sobre las ganancias.

- **Los puntos positivos de la inversión a largo plazo en criptomonedas**

Las estadísticas respaldan el crecimiento económico que existe detrás de las criptomonedas, por ello es un camino que funciona y eso se comprueba por el nivel de retorno que generan estos activos, esto se debe gracias a las tendencias ascendentes que a lo largo del tiempo se presentan dentro de este ámbito.

Por esta razón la inversión a largo plazo encaja mucho más sobre las criptomonedas, para aprovechar en primer lugar el hecho de tener acceso a comisiones bajas, porque invertir con el enfoque de trading sólo deja pérdidas por las constantes comisiones, en cambio cuando sólo compras y esperas no te expones a las comisiones.

Por otro lado, esta medida es menos arriesgada, porque sólo se resume en entrar y salir del mercado, no hay mucho más por hacer, así que no necesitas invertir días o tiempos para obtener ganancias considerables, además con una buena estrategia no vas a tener que preocuparte por el gasto de tiempo.

A su vez cuando se implementa una estrategia sólida para invertir en criptomonedas, se reducen las pérdidas, siempre y cuando se pueda pensar en el nivel de volatilidad al que te enfrentas, de ese modo puedes trazar los beneficios que produce esta inversión, para ello la construcción del portafolio es clave, a medida que se sigan algunos indicadores.

El potencial de alguna elección de criptomonedas se puede medir, es decir por medio de una identificación constante puedes incluir estas acciones para que tus fondos no se pierdan sino todo lo contrario.

- **Indicadores de valor a largo plazo**

La Market Share o cuota de mercado, es una definición para tener una medida sobre la proporción de la capitalización que surge en el mercado que posee alguna criptomoneda, cuando surge una cuota de mercado es el símbolo de que se presenta la dominancia, esto se usa o se emplea como una evaluación de la viabilidad a largo plazo de alguna criptomoneda.

Por consiguiente, otro indicador a estimar es el valor de utilidad, este ayuda a determinar si una criptomoneda se va a mantener de aquí a dentro de algunos años, eso se mide según la utilidad del activo, además del tipo de mercado de usuarios que haya atrás como un tipo de respaldo o aval.

A medida que puedas responder estos puntos, vas a adoptar las criptomonedas apropiadas para cosechar ganancias, por ejemplo, Ethereum permite construir aplicaciones descentralizadas, por ello el valor de este activo se basa en el desarrollo DApp, en vista de ese concepto se puede sacar la conclusión de que es un activo con futuro por su utilidad.

De igual manera el volumen de transacción es una estimación para ver si una criptomoneda está siendo usada, para ello sólo necesitas ver de cerca el volumen, esto se encuentra registrado de forma histórica, es decir es una cifra que va en aumento y las tendencias alcistas reafirman que a largo plazo se mantenga el portafolio.

En este mismo sentido posee un peso importante el desarrollo de la tecnología, lo cual es un factor clave para la evolución de la criptomoneda, porque la tecnología que hay detrás necesita ser adecuada para que el activo sea una gran apuesta a largo plazo, sobre todo porque no será un proyecto que fracase.

El procesamiento de las operaciones debe ser efectivo, ya que ese lado positivo va a generar que la criptomoneda siga siendo viable, aunque el impacto sobre el precio también es causado por las noticias del mercado, debido a que se convierten en experiencias que irradian consecuencias sobre la viabilidad del activo.

Cada noticia del mercado puede y va a afectar el precio, causando que la valoración del portafolio cambie, ante ese tipo de incidencia pueda que no sepas la forma de reaccionar oportunamente, por ello debes seguir las noticias que poseen un peso a nivel financiero, de ese modo podrás tomar decisiones sobre el portafolio.

Puedes encontrar más indicadores para seguir de cerca la viabilidad que posee cada criptomoneda, al tener esas estimaciones en mente puedes construir tu portafolio con una orientación específica, sin perder de vista el porcentaje que posee cada criptomoneda sobre lo invertido.

- **Pasión por el riesgo**

La elección de una criptomoneda es una exposición directa al riesgo, por ello antes de iniciar en este ámbito es un aspecto que necesitas considerar, así que necesitas medir el nivel de tolerancia que tienes ante las incidencias económicas, porque no se asemejan a los mercados de inversión tradicionales.

Sin embargo, esa misma exposición a los riesgos es la que produce un mayor nivel de rendimiento, y esto a lo largo del tiempo se puede capitalizar de forma más sencilla, además es parte del aprovechamiento de un portafolio equilibrado a través del cual no tengas que correr demasiado riesgo, pero que no sea demasiado precavido.

Al aplicar estas consideraciones sobre las criptomonedas se entienden mejor las criptomonedas, a partir de esos datos puedes medir el tipo de exposición que satisfaga la resistencia que posees ante el riesgo, por ejemplo, un portafolio con una alta incidencia de riesgo es aquel que se compone en un 80% por criptomonedas con poca capitalización.

Lo que te conviene hacer en una inversión en criptomonedas

A diario se observa que la inversión en grandes proporciones y en lapsos cortos se ha vuelto común, es un camino que puede proporcionar ganancias, pero conlleva un alto nivel de riesgo, por ello la respuesta de una inversión a largo plazo es una vía para que obtengas ganancias, aunque puede tardar mucho más, sin tantos riesgos.

Ganar dinero al comerciar con algunas criptomonedas, va de la mano de la elección de estos activos, además de considerar el primer factor que es el tiempo que deseas dedicar para lograr cosechar ganancias, y al mismo tiempo el nivel de riesgo con el que vas a lidiar durante este proceso.

Pero la búsqueda de grandes ganancias a corto plazo, te obliga a someterte a un alto riesgo, además es vital dedicar mayor cantidad de tiempo, por esta razón es una opción a estudiar por completo, para que sigas el camino más oportuno para tus aspiraciones personales.

1. Atención sobre los fraudes

El mundo de las criptomonedas posee una gran cantidad de oportunidades, algunas pueden ser muy buenas, pero otras no lo son porque detrás de esa información puede haber falsas estimaciones, ya sea con gurús o con aplicaciones, esta situación es constante y se intensifica cuando alguna tendencia se adueña del mercado.

Normalmente te puedes topar con ofrecimientos que solo buscan atraer a las personas, por medio de un plan académico o informativo que al final es mentira, esto puede ser tentador por lo real que parece e incluso se postula como la mejor alternativa y la segura, cuando es todo lo contrario.

2. **El presente vs el futuro**

Los datos que se analizan en promedio, tanto de la criptomoneda como del mercado, y de las finanzas, pueden jugar un papel clave por el tipo de influencia que esto posee, además es un deber de las estrategias tradicionales para permitir que seas capaz de diversificar la inversión a través de diferentes tipos de criptomonedas.

Al seguir estos pasos no hay duda que vas a disponer de la oportunidad de contar con interés compuesto, esto es proporcionado por la plataforma que elijas para llevar a cabo dicha inversión, del mismo modo debes tener presente que el inversor promedio no debe pasar por alto que más es lo que pierde que lo que gana.

El trading y las criptomonedas en general pueden ser peligrosas para la salud, ya que el rendimiento de la inversión causa muchas emociones y estragos, sobre todo cuando surge un resultado inferior al esperado, por ello a corto plazo no es una inversión o actividad saludable, menos si se trata de un trader novato.

El aprendizaje se obtiene de forma racional, a medida que interactúas con el mundo de las criptomonedas, sobre todo cuando se evalúa el promedio y la rentabilidad de cada paso, lo cual te puede llevar a observar un constante estado de pérdida, sin dejar a un lado que el pasado también posee cierto peso sobre las incidencias que ocurran durante la inversión.

La comprobación de lo que ocurre con tu inversión es una suma de concentración y a su vez de estrés, ya que las transacciones dejan un efecto y una consecuencia directa sobre tu vida.

3. **Las dudas sobre el trading diario vs la inversión a largo plazo**

A través de los datos disponibles que surgen sobre el mercado, ser un trader diario no se posiciona como el mejor camino para los novatos, aunque a su vez es una vía concurrida y existe, ya que a nivel psicológico la mayoría se ve seducido por este tipo de elección, debido a que el mundo económico es difícil de entender.

Del mismo modo las ganancias rápidas son las que reciben mayor atención por el marketing, esto provoca un sesgo de supervivencia, porque al humano le atrae la empatía por la cantidad de hechos o resultados positivos, una vez que los inversores diarios presentan sus altas ganancias eso se convierte en una seducción para los demás.

Las ganancias causan que las personas se concentren en todo lo que ganan o sobreviven, y no en todo lo que les cuesta llegar ahí o lo que perdieron, otro factor psicológico es el descuento hiperbólico que tiene que ver con el sesgo cognitivo en solo preferir pensar en los pagos y en el retorno de esta inversión.

El trading diario sólo posee resultados inmediatos, pero mayor ganancia posee una a largo plazo, aunque es usual que los inversores no se atrevan por el miedo que les produce el futuro, pos esta razón se piensa en el retorno inmediato, en lugar del retorno a largo plazo, todo gracias a esos dos pensamientos subconscientes que se usan por falsos gurús.

Diferentes aplicaciones y publicidades buscan que más personas inviertan por esta modalidad, este error común es cometido por los principiantes, por su inexperiencia es sencillo dejarse llevar por las propagandas engañosas.

4. Las ventajas de preferir las inversiones a largo plazo

En base a los datos se puede determinar que el trading diario y las inversiones a corto plazo en criptomonedas, se evidencia que no proporcionan beneficios, por ello el camino a largo plazo proporciona menos riesgos para que puedas multiplicar tus fondos, esta es una demostración de la realidad para disminuir la velocidad del trading.

Necesitas considerar algunas opciones de inversión que sean seguras para tu futuro, además ese tipo de rendimiento es atractivo, sobre todo porque los exchanges proporcionan el interés compuesto, esto quiere decir que puedes disponer de un 5% de interés en muchas o la mayoría de criptomonedas.

Por estas razones conservar y mantener criptomonedas es una alternativa viable, esto es interesante para las predicciones que ofrecen datos positivos sobre los activos, y que esa es una importante motivación para decidirse por una u otra criptomoneda.

Cómo invertir en criptomonedas por medio del "social trading"

Es fundamental que antes de invertir en criptomonedas puedas conocer todas las modalidades disponibles, para que elijas la que sea correcta para ti, en la actualidad con tantos usuarios apostando por las criptomonedas lo vital es que sea usado como un instrumento para defenderse de la inflación, por ejemplo.

Lo primero por superar es el temor a la volatilidad, ya que cada apuesta se rodea de este elemento, mientras que para los conservadores se encuentra la opción de las divisas estables que conservan la misma paridad como sucede con el dólar, todo esto forma parte de la tendencia internacional a nivel financiero.

Las apuestas por el mercado de las criptomonedas son valiosas porque la confianza por estos activos cada vez aumenta, y más de la mitad de inversionistas lo usan como un plan a largo plazo para resguardar tu futuro, esto se debe en mayor medida a la desconfianza que se presenta por el sistema financiero tradicional.

Una vez que el miedo se pueda superar, el siguiente paso es adquirir criptomonedas con naturalidad y confianza, para sólo tomar la decisión de hallar la mejor forma de usar las criptomonedas, y la respuesta surge tras la posición de holder, porque al tener los activos por más tiempo tiene mayor futuro que ser un simple trader u operador.

El camino más idóneo y preferido es el "social trading", porque es un modelo o una forma para que emplees las herramientas adecuadas que desciendan el riesgo que corres, y esto forma parte de una preparación y aprendizaje útil, esto consiste en replicar la cartera digital que posee un gurú o financiero reconocido.

Al invertir en los mismos activos que estos expertos, puedes obtener una rentabilidad igual, aunque de igual forma puedes ganar o perder, nada está completamente asegurado, a menos que sean datos profesionales por los que se pagan, de ese modo puedes calmar tus emociones y dar los primeros pasos en este entorno.

www.ingramcontent.com/pod-product-compliance
Lightning Source LLC
Chambersburg PA
CBHW070425220526
45466CB00004B/1548